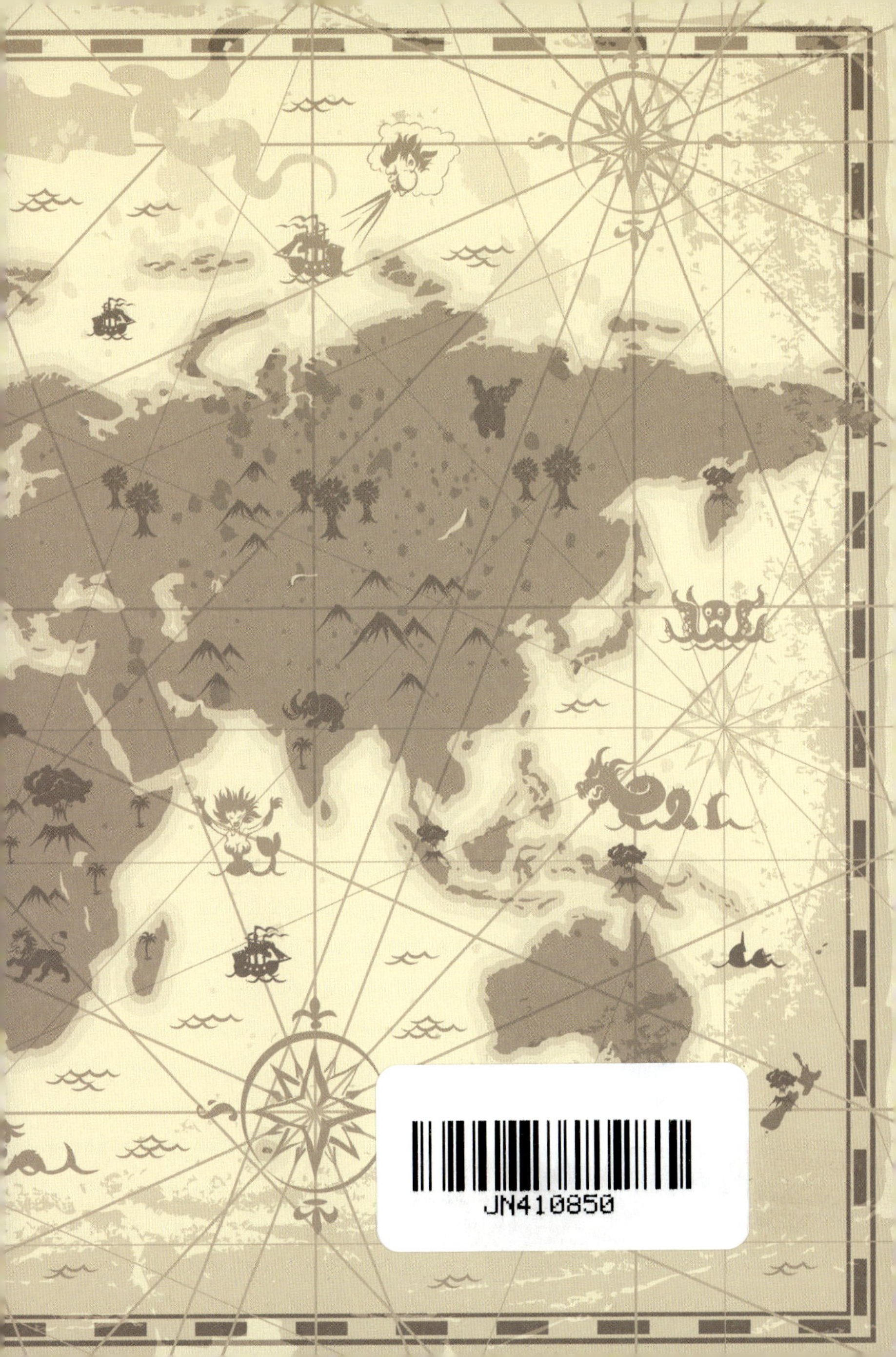
JN410850

조이에게

아들아, 아빠가 더 늙기 전에 쿨하게 몇 가지 짚고 넘어가자.

이 책은 ____________ 군을 위한 지침서입니다.

PHOTO CREDITS

Page 3: MGM/Photofest; **Page 9:** Cinema 5/Photofest; **Page 15:** Fox Photo/Getty Imagess; **Page 21:** Mary Evans Picutures library; **Page 29:** Claridge Pictures/Photofest; **Page 38:** B. Taylor/ClassicStock.com; **Page 15:**United Artists/Photofest; **Page 55:** Bettmann/Corbis; **Page 62:** Liaison/Getty Images; **Page 66:** Photofest; **Page 69:** Bettmann/Corbis; **Page 72:** Alan Grant/Getty Images; **Page 76:** E. Anheuser/WHS/Classicstock.com; **Page 80:** Didoer Crozen; **Page 83:** American Stock/Getty Images; **Page 86:** H. Armstrong Roberts/Corbis; **Page 90:** Photo by Express/Getty Images; **Page 95:** Bert Hardy/Getty Images; **Page 101:** American StockPhoto/ClassicStock.com; **Page 107:** Redferns/Getty Images; **Page 110:** Lambert/Getty Images; **Page 113:** H. A. Roberts/Getty Images; **Page 121:** Jan Tonnesen; **Page 125:** Photofest; **Page 128:** Rosemary Matthews/Getty Images; **Page 138:** Bettmann/Corbis; **Page 145:** Jack Moebes/Corbis; **Page 148:** Hulton Archive/Getty Images; **Page 151:** www.cksinfo.com; **Page 165:** Bettmann/Corbis; **Page 171:** The PSA History Museum-www.JwtPSA.com; **Page 181:** Fred G. Korth/Getty Images; **Page 185:** Time Life Pictures/Getty Images; **Page 190:** Charles Fenno Jacobs/Getty Images; **Page 195:** Hulton Archive/Getty Images

RULES *for* MY UNBORN SON

곧 태어날 내 아들을 위한

남자 매뉴얼

워커 라몬드 지음 | 천수현 옮김

들어가는 글

보이(Boy)는 룰이 필요하다. *싸우지 마라. 던지지 마라. 깨지 마라.* 이러한 룰이라는 것을 그리 좋아하지는 않지만, 어느 정도는 필요한 것이라고 생각한다. 룰이 그 역할을 적절히 할 때, 우리 사회를 보다 안전하고 조화롭게 유지하는 데 도움을 준다. *보행자에게 양보해라. 타이를 매어라.* 이런 룰들은 진정한 사회적 지식을 한 세대에서 다음 세대로 이어 내려가게 하는 가장 심플하면서도 효과적인 방법이다.

한마디로, 룰은 좋은 것이다. 그러나 세대를 거치면서, 그것들은 오명을 얻었다. 사람들은 자유를 원했다. 권력에는 의구심을 가졌고, 규칙은 깨졌으며, 드레스 코드는 사라졌다. 룰은 개인주의와 현대 사회 발전에 있어 구시대 장애물처럼 비쳐졌다. 이발사는 무시되었고, 타이는 풀어졌다. 그로 인해, 인생이라는 게임은 어느 순간 더 조잡하고, 더 불안하고, 재미가 없어졌다.

나의 아버지는 친구분들 사이에서 베스트 드레서로 통하셨다. 종종 수트에 양말을 신지 않는 패션의 이단아적인 면도 있었다. 이런 면들이 아버지의 삶에 대한 철학을 잘 설명해 주는 대목일지도 모르겠다.

정열적인 댄서이며, 혈기왕성한 스포츠맨, 그리고 지칠 줄 모르고 계속되는 파티, 아버지는, 확실한 캐릭터로 외모와 행동에 자신감 있는 강한 남자에게야말로 진정으로 삶을 즐길 수 있는 자유가 주어진다고 믿으셨다.

그래서 룰을 가지고 계셨다. 그중 많은 부분은 할아버지로부터 받으셨고, 또 그 뿌리는 윗대로 거슬러 올라갈 것이다. 이는 좋은 남자가 해야 할 일과 하지 말아야 할 일들에 대한 명확한 개념에서 비롯되었으며, 그 룰들은 옷을 입는 법부터 일상의 비즈니스, 야구 경기장에서의 에티켓까지 아우른다.

아버지는 나의 스물두 번째 생일이 지난 지 얼마 되지 않아 돌아가셨다. 이 작은 책은 나의 아버지께서 가르쳐 주셨던 교훈들을 기록해 두는 취지로 가볍게 시작되었다. 거기에 좋은 남자의 덕목에 대한 나의 생각도 추가로 더해졌으리라. 언젠가 나도 아들이 생기기를 바랐다. 그래서 실제로 아버지가 되는 그 순간의 벅참에 압도되어 너무 무르거나, 너무 경건해진다거나, 그리고 무엇보다 내 어린 시절이 멀어져서 희미해지기 전에, 모두 적어놓는 것이 최선이라고 생각했다. 이 책은 아직 태어나지 않은 아들에 대한 예비 아빠의 약속일 것이다: '아빠가 더 늙기 전에 쿨하게 몇가지 짚고 넘어갈 것들.'

물론, 이 리스트에는 업데이트가 필요한 것들도 있다. 아버지는 포켓 스퀘어는 잘 접을 수 있었지만, 인터넷에 대해서는 어쩔 수 없으셨다. 리스트를 작성하면서 놀란 것은, 아버지의 룰

대부분이 아직 바뀌지 않고 여전히 이어져 내려오고 있다는 것이었다. 뉴욕 한가운데에서 살고 있는 유행의 최첨단을 걷고 있는 이들에게까지도 말이다. *Rules for my unborn son*은 단순히 다음 세대를 위한 계명이 아니라, 좋은 남자, 그리고 좋은 아빠가 되기 위한 한 세트의 지침서가 되었다,

모던한 젠틀맨의 소양과 덕목에 대해 정리하는 것이 아버지와 내가 처음은 물론 아니다. 이 책에서 나는 지혜롭고 실용적인 어드바이스를 보여 준 훌륭한 젠틀맨의 말과 (벤자민 프랭클린, 버크민스터 퓰러, 마크 트웨인) 또 그들의 행동을 통해 (프레드 아스테어, 잭 케네디, 데이빗 보위) 영향을 받았음을 인정한다.

나는 유행이 지나간 것들에게서 클래식을 찾아내려 했다. 역시 오래된 것은 좋은 것이다. 그러나 *Rules for my unborn son*을 유니크하게 만드는 것은 결국 나 자신의 개인적인 경험들로부터 나온 내용들이었으면 하는 바람이다. 좋든, 나쁘든, 싫든.

여기 포함된 룰들은 독자들로 하여금 진심 어린 지지나, 혹은 배려 깊은 이견을 불러일으킬 수도 있다. 어쩌면, 이 책이 당신 자신의 어린 시절로 감성 어린 여행을 떠나도록 응원해 줄지도 모르겠다. 또한 안목 있는 어떤 젊은 부모들에게는 이 책이 의도하는 바 그대로- 당신과 당신 가족을 위한 복고풍의 젠틀한 지침서가 될 것이다. 어느 쪽이든 유용한 책이 되기를 바란다.

- 워커 라몬드

워싱턴 D.C.

옷차림에 확신이 서지 않는 날은,
타이를 매어라.

롤러코스터는
맨 앞자리에 타거라.

영화는 큰 스크린으로 보아라.

수염을 기른 남자는
비밀이 많다는 증거란다.

댄스를 익혀라.

막춤은 곤란하다.

수영은 잘해야 한다.
특히 바다에서.

가십은 삼가해라.

명품 시계에
시간 낭비하지 마라.

재능도 습득이 가능하단다.
노래도 연습해라.

왕따를 도와주어라.
그 친구는 너를 평생 기억할 거야.

진실이 팩트보다 더 중요하다.

– 프랭크 로이드 라이트

집착하지 마라.
습관된다.

제철 과일을 먹어라.
가능하면, 유기농으로.

사투리를 흉내 낼 땐,
완벽하게 구사해라.

절대 앉은 채로 악수해선 안 된다.

무대에선 부끄러워할 시간 없다.

목청을 높여라.

밴드를 결성해도 좋다.

티셔츠는 철학도 광고도 아니다.
무지를 입도록 해라.

그녀의 옷 사이즈는 꼭 알아두어라.

단, 묻지는 말고.

가끔씩은 계산서를 책임져라.

현대 미술 작품에 야유를 보내선 안 된다.

고상하게 표현해라.

길거리에 침 뱉지 마라.

유명인에게는
사인보다는 악수가 더 낫다.

셔츠 소매가 보이지 않는다면,
재킷 소매가 길다는 뜻이다.

경청해라,
그리고 할 말도 해라.

샤프한 칼이
무딘 칼보다 안전하단다.

저녁 약속을 캔슬해야 할 때는,
절대 문자로 알려선 안 된다.

엄마와 시간을 많이 보내거라.

엄마는 네가 생각하는 것보다 훨씬 쿨하셔.

신이 항상 너와 함께 있어줄 수 없기에,
엄마를 만들어 주셨다.

– 루디아드 키플링

행사 당일에 이발하지 마라.

자동차 여행을 떠날 때는,
첫 번째 주유는 네가 채워라.

반바지는 꼬마들을 위한 옷이다.
네가 언제 남자가 될지는 직접 결정해라.

데이트는 항상 그녀의 집 앞에서 시작해라.

잘 모르는 스위치는 누르지 마라.

헌 옷은 기부해라.

가끔씩 방문을 걸어 잠그고,
너만의 비밀을 가져도 좋다.
가끔씩이다.

탈의실에선 부끄러워하지 마라.
모두가 같은 생각이다.

짐을 꾸릴 땐,
네가 감당할 수 있을 만큼만
담아야 한단다.

유럽에서 한번쯤은
살아 보아라.

짐을 든 여자에게는 항상 손을 내밀어라.

특히 엄마에게는.

심장은 신체에서
가장 튼튼한 근육이다. 써라.

홈팀을 응원해라.
성적이 나쁠 때에도.

단골집을 만들어라.

새벽 3시 이후에는
결코 재미있는 일은 일어나지 않는다.
장담하마.

교실에서는 앞자리에 앉아라.

시작한 일은 끝을 보아라.
특히 책은.

빌린 차를 돌려줄 때에는,
반드시 기름을 가득 채워라.

목소리를 높일 일은 많지 않다.
경기장에서는 예외다.

자랑하지 마라.
깊은 인상을 남겨라.

옷은 딱 맞게 입어라.

가족과 시간을 보내지 않는 남자는
진정한 남자가 될 수 없다.

– 돈 꼴레오네

장례식에는, 짙은 색 정장도 좋다.
반드시 블랙수트를 입을 필요는 없단다.

시선이 없는 곳에서도
쓰레기를 버려선 안 된다.

친구에게 얌체짓 하지 마라.

언론인과 대화할 땐,
단어 선택에 신중함이 있어야 한다.

대답을 생각하고,
다시 전화해라.

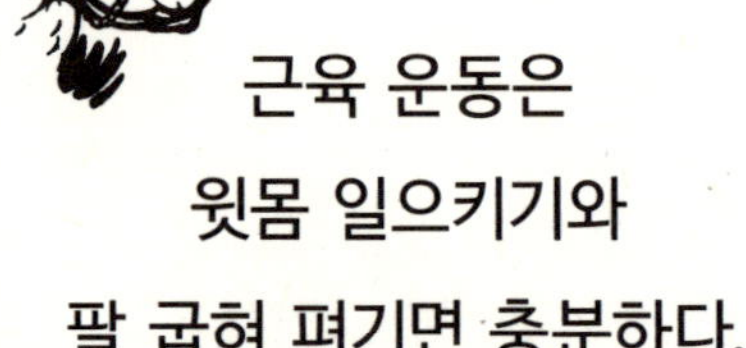

근육 운동은
윗몸 일으키기와
팔 굽혀 펴기면 충분하다.

책, 연극, 영화를 보지 않고는
평론하지 마라.
예술이란 놀라움으로 가득하단다.

예술가 친구들을 서포트해라.
특히 무명 시절에.

항해하는 법을 배워라.

비싼 레스토랑이
항상 맛집은 아니다.

지금 네가 만나고 있는 그녀는
누군가의 여동생이라는 것을 명심해라.
그 오빠는 너의 멱살을 잡을
충분한 능력이 있단다.

패스를 잘해라.
또한 슛찬스도 놓치지 마라.

어제의 홈런이

오늘의 경기를 이기게 하지는 않는다.

– 베이브 루스

비행기를 탈 때에는,
자켓을 입어라.
포켓의 쓰임새를 알게 된다.

선탠은 얻는 것이지,
사는 것이 아니란다.

뱉은 말은
반드시 지켜라.

단체로 싸울 일이 생겼을 때,
형제의 반대편에 서 있으면 안 된다.

병뚜껑을 열어 달라는 부탁을 받았거든,
반드시 열어 주어야 할 것이다.

회식 자리에서
직장 상사보다
더 취해선 곤란하다.

자선이란
지폐나 동전으로
평가할 수 없는 것이란다.

그녀의 뉴 헤어스타일을 알아차릴 기회는
단 한 번뿐이다.

복잡한 도심 길에선,
물 흐르듯이 걸어라.
보행을 방해해선 안 된다.

마이크를 독차지하지 마라.

헤어컷에 돈 너무 쓰지 마라.

오래 안 간다.

전철을 타라.

체크아웃 타임은 연장해라.

작업의 반은 연장이다.

남자는 혼자 쇼핑한다.

네 별명은

네가 짓는 것이 아니다.

매치포인트!
테니스 룰을 익혀라.

만약 너 자신을 만들고 싶을 땐,
오리지널이 되어라.

서핑을 배워라.

그녀의 지갑을
훔쳐보아선 안 된다.

공은 돌리고,
비난은 감수해라.

자신의 생식능력을 과소평가하지 마라.

너의 꿈을 적어 두어라.

일이 잘못되어 갈 때는, 일단 멈춰라.

– 엘비스 프레슬리

항상 가드를 올려라.

의사에게 거짓말을 하는 것은
어리석은 짓이란다.

산타클로스에게
네가 원하는 선물을 말해라.
그분이 독심술가는 아니다.

주운 지갑은
반드시 돌려주어라.

혼자 떠나는 여행의 매력을 경험해 보아라.

여행의 하이라이트는
안전하게 집으로 돌아오는 것이다.

엄마에게 전화드려라.

락스타가 되고 싶다면,
베이스 기타를 배워라.

식사 중 테이블을 잠시 떠나야 할 때,
반드시 설명이 필요한 것은 아니다.

상대가 길을 양보할 때는 감사히 지나가라.
신속히.

웨이터가 너를 유명인으로 착각한다고,
사실을 바로 알려 줄 필요는 없다.

연민도 사랑이다.
그렇다고 유발하지는 마라.

가족 행사에서는
꼭 사진은 찍어라.

사진이 행사가 되어서도 곤란하다.

선물 포장을 오픈할 때,
그 누구도 족집게를 좋아하지 않는다.

자축하지 마라.
좋은 친구가
대신해 줄 것이다.

스타일에 관해서는, 수영하듯 유연하게
원칙에 대해서는, 바위처럼 굳건하게

- 토머스 제퍼슨

오너에게는
팁을 주지 않아도 된다.
악수만으로 충분하다.

개를 볼 때는
눈을 똑바로 노려보면 안 된다.

치과 검진은
절대로 빼먹지 마라.

서두르지 마라.
16살까지 커피는 안 된다.

어떠한 경우에도,
여성에게 임신 여부를
물어보아선 안 된다.

생일은 엄마와의 시간도 가져라.

그녀에게도 특별한 날이란다.

용기란 두려움이 없는 것이 아니라,
그럼에도 불구하고 행하는 것이다.

– 마크 트웨인

공항에서 뛰는 사람은
절대 쿨해 보이지 않는다.

프랑스어를 정확하게 발음하는 법을 배워라.

좋은 여행 가방에 투자해라.
세상이 너가 도착했음을
알 것이다.

로컬 벼룩시장의 단골이 되어라.

아빠가 낮잠 잘 때는
잠시 내버려 두어라.

같은 음식을 두 끼 연속으로 먹지 마라.

변명을 덧붙이면,
사과하는 것이 아니다.

레스토랑에서 경치 좋은 자리는
그녀에게 양보해라.

풀장에서
마지막까지 남아 있는
사람이 되어선 안 된다.

정원을 관리해라.

가끔씩 회사에 있는 나를 서프라이즈해도 좋다.

믿어라. 내가 무엇을 하고 있더라도
너보다 중요한 것은 없단다.

나는 재클린 케네디와 파리 여행에 동행했던 남자다.
그런 내 자신이 자랑스럽다.

– 존 F. 케네디

주기적으로
오랜 친구와 연락해라.

대중 연설의 기회는 절대 거절하지 마라.

생선을 많이 먹어라.

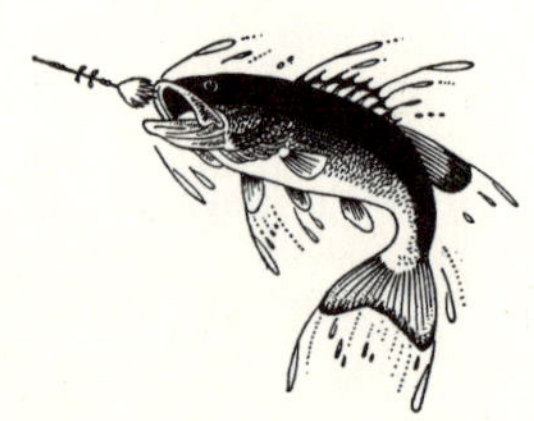

자전거는 직접 손질해라.

식후에는 디저트를 주문해라.

콘서트에서 신청곡 요청하지 마라.

너만의 시그니처 룩을 만들어라.

훌륭한 윙맨이 되는 것도 좋다.

티켓을 팔아야 할 때는,
정가만 받아라.

빤히 쳐다보지 마라.
사람들이 오해할 수 있다.

사생활을 보호해라.
특히 네가 유명해진다면.

공을 끝까지 보고 스윙해라. 스포츠에서든 인생에서든

무기를 들고 있는 사람에게는,
항상 존칭을 붙여라.

집안의 족보를 연구해라.
네가 누구를 발견하게 될지 모른다.

가끔씩 창문을 열어두고 자거라.

거스름돈을 떨어뜨리면, 주워라.
동전 하나라도.

술잔을 들고
포즈를 취하지 마라.

코스튬은 손수 만들어 보아라.

자신의 재능을 숨기지 마라.

그늘에서 해시계는 무용지물이다.

– 벤저민 프랭크린

할 수 있다고 해서,
꼭 해야만 하는 것은 아니다.

법적으로 술을 마실 수 있을 때까지는
결혼은 안 된다.

작품과 상품의 차이를 알아라.

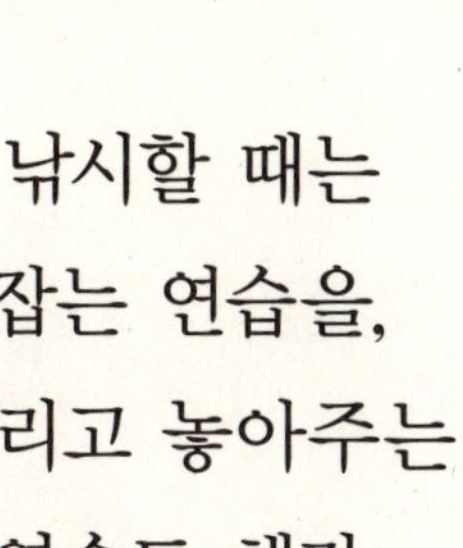

낚시할 때는
잡는 연습을,
그리고 놓아주는
연습도 해라.

첫 번째 볼에 방망이를 휘두르지 마라.

기회가 수천 번 있는 것이 아니다.

가끔씩 케이크는
직접 구워라.

주변에 똑똑한 사람들을 두어라.

잘난 척하지 마라.

나는 내 머리를 잘 쓸 뿐 아니라,
내가 빌릴 수 있는 머리까지 함께 쓴다.

– 우드로 윌슨

평론가에게 절대 문서로 답하지 마라.

선생님이 숙제 내주는 것을 잊고 있다면,
조용히 있어라.

그녀의 사진을 찍어라.

보행로에서
자전거를 타지 마라.

왕따에 맞서라.
딱 한 번이면 된다.

의사 전달을 했다면,
입을 다물어라.

게임 중에는 입을 조심해라.

초상화를 위해
포즈를 취해 보아라.

항상 최근 사진을 파일로 가지고 있어라.

비상시, 또는 예기치 않은 사건에 연루될 때를 대비해서

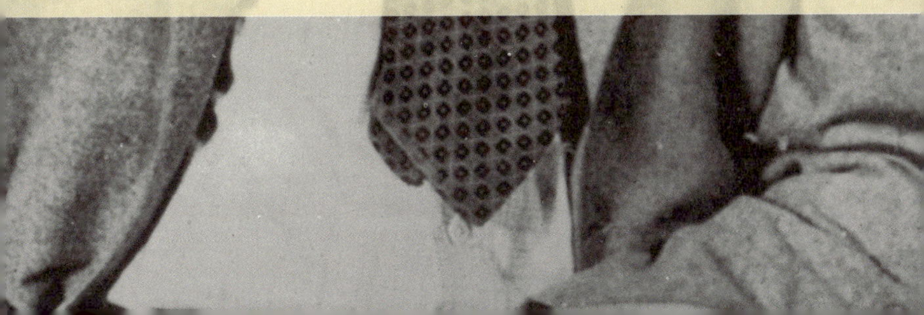

될 수 있으면
부사를 사용하지 마라.
정말로.

울플란넬 수트를
구비해라.

편지를 써라.
종이에.

네가 틀렸을 때에는 진심으로 인정해라.

의외의 장소에서 선생님을 보았어도,
학교 밖이라면 방해하지 마라.

가족사진을 망치지 마라.

스마일 플리즈.

정중함은 용기만큼이나 중요한 신사의 덕목이다.

– 테디 루스벨트

자동차는 튜닝하지 마라.

도와주기로 마음먹었으면,
마무리될 때까지
멈춰선 안 된다.

교회에서 노래하는 시간에는 노래를 해라.
훌륭한 노래 연습이 될 거다.

파자마는 잘 세탁해서 입어라.

비가 올 것 같으면 우산을 챙겨라.
그녀가 감동할 것이다.

케리 그란트에게 고어텍스는 필요없다.

청년은 규칙을 알지만, 노인은 예외를 안다.

– 올리버 웬델 홈즈 경

정밀해라.

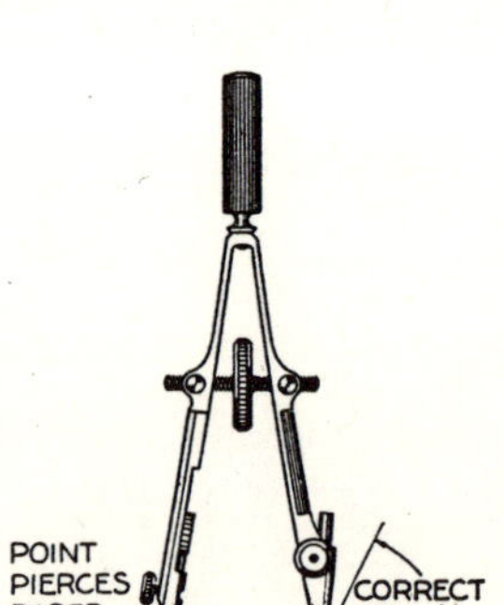

네가 가장 많이 쓰는
단어나 말 습관을 찾아라.
그리고 앞으로 쓰지 마라.

항상 바빠야 한다.
새로 페인트를 칠해야 할 곳은
늘 있게 마련이다.

늦은 밤 뒤풀이 파티는 꼭 참석해라.
탈출 전략도 마련해 두고.

신사는
일요일에도 잘 차려입는다.

명심해라. 한 주의 마지막 날이 아니라, 첫날이다.

다른 사람의 택시를 가로채는 것은
어떤 것도 핑계가 될 수 없다.

만약 너의 조크에 설명이 필요하다면,
재미없다는 뜻이다.

감사를 표할 때는
그 사람의 눈을 보아라.
웨이터에게도.

창가 자리를 선택해라.
그리고 전망을 즐겨라.

일 년에 두 번, 목표를 적어 보아라.

멋진 여자가 곁에 없는 갱은
미완성이다.

예술 작품은
눈높이에 두어라.

네가 술자리를 떠나는 것을,
누군가에게 꼭 알릴 필요는 없다.

술자리에서의 공약을 맨정신으로 실천해라.
그렇게 해야 입을 닫아야 한다는 것을 알게 될 것이다.

-어니스트 헤밍웨이

제대로 된 바(bar)를 알아 두어라.

잠자리에 들기 전엔,
항상 책을 읽어라.

엄마, 직장 상사 또는 교수님께
보여주기 껄끄러운 사진을
온라인에 올리지 마라.

언젠가 너도 애정 행각을 벌이게 될 것이다.

신중해야 한다

엔딩 크레딧이 오를 때까지,
자리를 지켜라.

모래를 던지지 말아라.
진흙도 마찬가지다.

노래방에서는 너의 음역대에 맞는
노래를 선곡해라.

버스 운전사에게 감사해라.

끝까지 싸워라.

포커 게임을 할 때 주위를 살펴라.
누가 호구인지 잘 모를 때, 그땐 바로 너다.

– 폴 뉴먼

여권의 유효 기간을
잘 챙겨라.

무언가의 전문가가 되어라.

재즈에는
춤을 춰라.

글을 쓸 때는 주의해라.
훗날 돌이킬 수 없다.

운동복을 입고 가야 할 곳은
단 한 곳이다.

데이빗 보위는 트랙팬츠보다는
트라우저를 더 좋아한다.

절대 다른 사람의
성적이나 연봉을
묻지 말아라.

태클을 하려면,
머리가 아니라 어깨를 낮춰라.
그리고 웅크려라.

빌려 온 글의 출처를 밝혀라.
온라인에서도 마찬가지다.

휘파람을 멋있게 불어라.

부둣가에서는 사람 뒤에 서지 마라.
뒤가 신경 쓰이지 않을 때,
경관을 제대로 즐길 수 있단다.

다른 사람의 사진을 찍어 주어라.

빨리 끝내라.

친구가 이사를 할 때는 도와라.

진행 중인 프로젝트를 자랑하지 마라.
완성 후에 축하해라.

의사가 되기 전까지는
절대 식탁에서 전화 받지 말거라.

실수를 했다면, 인정하고 넘어가라.
자신을 용서하는 것도 잊지 마라.

다이빙을 멋있게 하거라.

엘레강스는 남성에게는 과소평가된 덕목이다.

네가 누군가의 집에 게스트가 되었을 땐,
주인보다 먼저 일어나라.

폭죽에 불을 붙였으면 물러서라.

카누를 탔으면,
네 몫을 해야 한다.

가끔씩 맨발로 생활해 보아라.
발을 강하게 만들어 줄 것이다.

보트에서는 쓸모 있는 사람이 되어라.
매듭을 묶을 줄 모르면, 맥주라도 건네라.

여름방학엔 한번쯤은
웨이터가 되어 보는 것도 좋다.

항상 쓸 만한 조크를 준비해 두어라.

실내에서는 선글라스를 벗어라.
엘리베이터와 비행기 포함이다.

맛을 보기 전에는, 소금을 치지 마라.

여자의 댄스 신청은
절대 거절해서는
안 된다.

학교에 충실해라.

– 브라이언 윌슨

명분이 충분하다면,
수업을 빼먹어 보아라.

연습은 절대 빼먹지 말아라.

에어컨을 멀리해라.
특히 해변에서는.

그 지방의 스페셜 요리를
주문해라.

야유하지 마라.
심판도 누군가의 사랑하는 아버지다.

오디션에 응모해 보아라.

오리처럼 해라. 겉으로는 침착함을 유지하고,
물 밑에서는 미친듯이 노를 저어라.

-마이클 케인

자동차로
전국 일주를 해 보아라.
과속하진 마라.

캘리포니아에서는
적당히 머물러라.

누군가가 민트를 건네면,
거절하지 마라.

선발이 아니라면,
코치 가까이에서
뛸 준비를 하고 있어라.

거리 공연가가 너의 발걸음을 멈추게 하였다면,
동전이라도 지불해라.

여자들은 거쉬윈을 좋아한다.

번호표 순서를 놓치지 말아라.

남자의 여행 가방에
바퀴란 없다.

스틱 기어를 운전할 수 있어야 한다.

옷을 입은 채로
물에 뛰어들어 보는 것도 재미있다.

예쁜 여자에게는 항상 미소를.

현명한 남자는 부엌에서 무엇을 해야 하는지 알고 있다.

너만의 스페셜 레시피
하나쯤은 필수다.

아침 인사는 먼저 해라.

18번은 가지고 있자.
반드시 쿨할 필요는 없다.

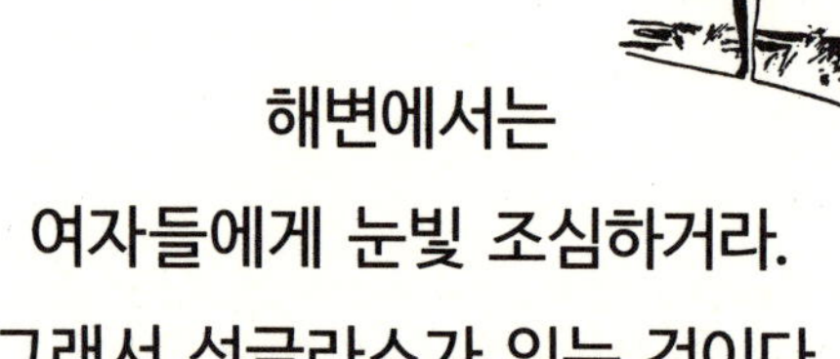

해변에서는
여자들에게 눈빛 조심하거라.
그래서 선글라스가 있는 것이다.

네가 역사에 무관심하다면,
역사도 너를 무시할 것이다.

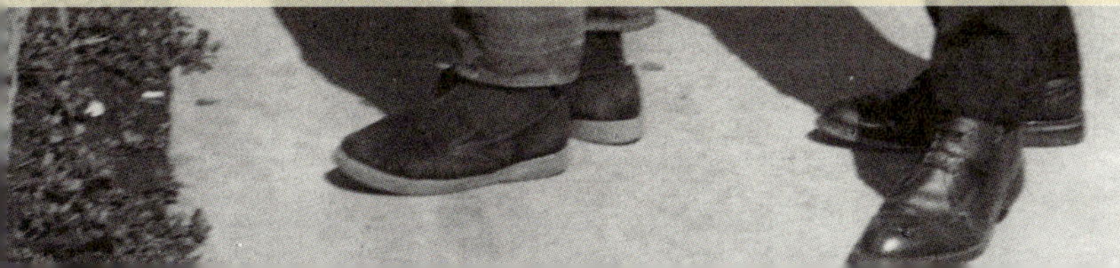

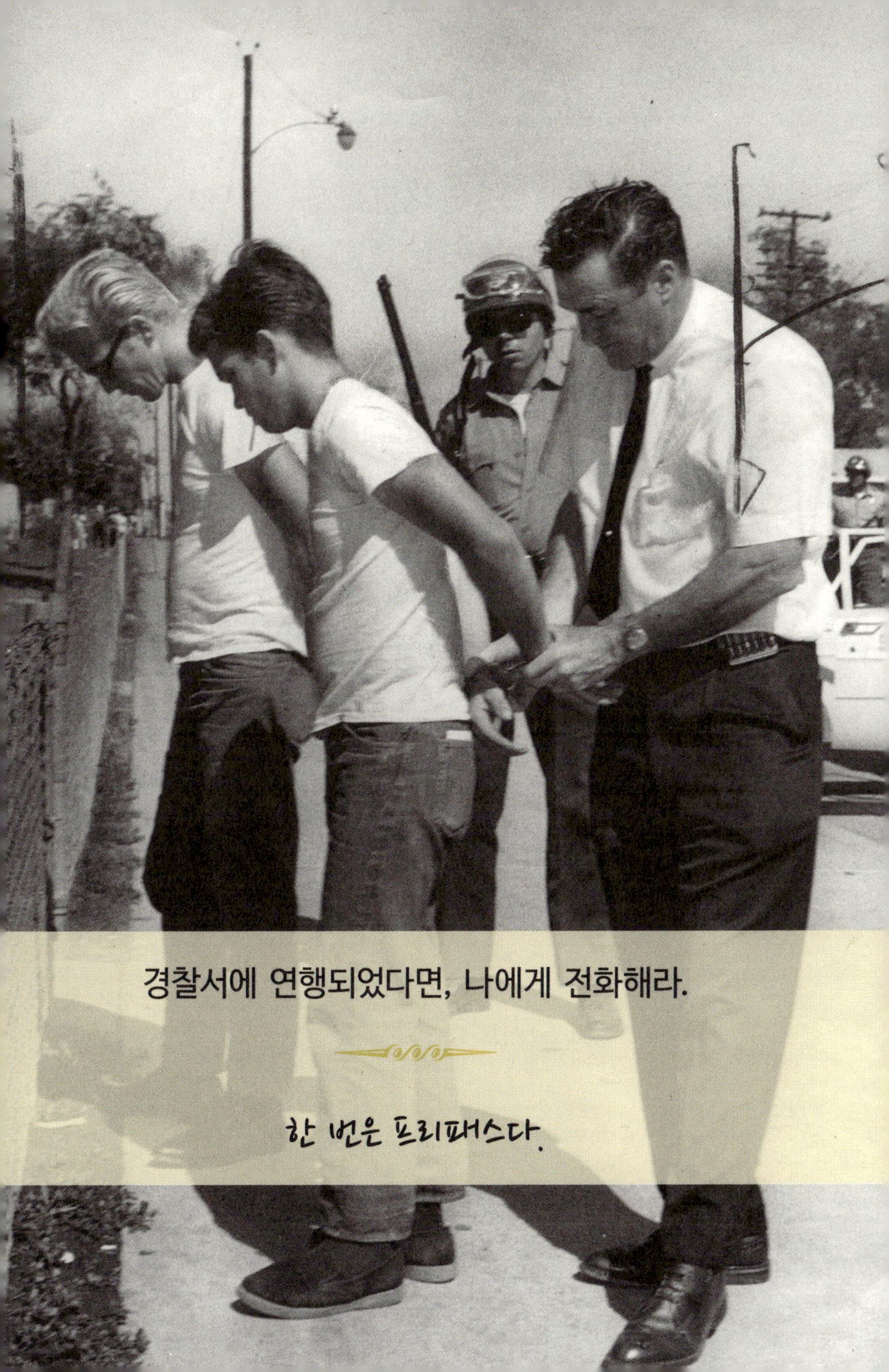

경찰서에 연행되었다면, 나에게 전화해라.

한 번은 프리패스다.

지구를 사랑하는 방법은 여러 가지다.
연비 좋은 차를 모는 것도 그 한 가지다.

프로젝트를 자진하는 것을
두려워하지 말아라.

통금 시간은 지켜라.
몰래 다시 나가더라도.

뮤지엄은 숙취 해소에 그만이다.
시원하고, 조용하고, 상쾌한 물이 있다.

방을 깨끗이 해라.
언젠가 룸메이트가 생길 것이다.

세탁을 자주 해라.
많은 옷이 필요하진 않을 것이다.

다음 직장을 확보하기 전에
사표를 쓰지 마라.

다만, 떠날 때가 확실하다면,
주저하지 마라.

내가 했던 모든 일은 평범해지기 싫은 두려움에서 비롯됐다.

— 쳇 앳킨스

제설 작업은 빨리 시작할수록 수월해진다.

여동생과 누나에게 나이스 해라.
너는 그녀들의 자랑스러운 에이스다.

훌륭한 아지트를 마련해라.

하이파이브를 거절해선 안 된다.
특히 어린이에게.

카우보이 모자가 쓰고 싶은 유혹이 있더라도 참아라.

모든 사람이 LBJ가 될 순 없다.

턱시도를 입어야 할 때를 알아라.
네가 생각하는 것보다
자주 있을 것이다.

좋은 파티의 핵심은 뮤직, 조명,
그리고 충분한 양의 얼음이다.

어린이들을 친절하게 대해라.
명성이란 평생에 걸쳐 만들어진단다.

서른 전에는 중고차를 운전해라.
스스로 정비하는 법도 공부해라.

지하철에서 당당해라.

친구들과 모처럼 밤을 지샐 때,
제일 먼저 집에 가는 사람이
네가 되지는 말아라.

누군가를 인용할 때는,
정확하게 해야 한다.

껌을 씹어도 되는 때를 잘 알아라.
생각보다는 적을 것이다.

가끔은
혼자 영화를 보러 가는 것도
추천한다.

주크박스에서
너의 신청곡이 나올 때까지
기다려라.

내가 권하고 싶은 룰은,

절대로 두 가지 범죄를 동시에 범하지 마라.

– 탈룰라 뱅크헤드

가장 좋아하는
그림을 찾아라.

다른 도시를 여행할 때는,
옷을 갖춰 입을 때지,
대충 입을 때가 아니다.

그녀 앞에선 폼을 잡지 말고, 댄스를 신청해라.

그리고, 리드해야 한다는 것도 기억해라.

빗속에서는
가만히 귀 기울여 보는 것이
베스트다.

할로윈에는
나가 놀아라.

엄마에게
댄스를 신청해라.

시간을 내어,
구두를 닦아 보아라.

선물은 됐다.
나에겐 편지면 충분하다.

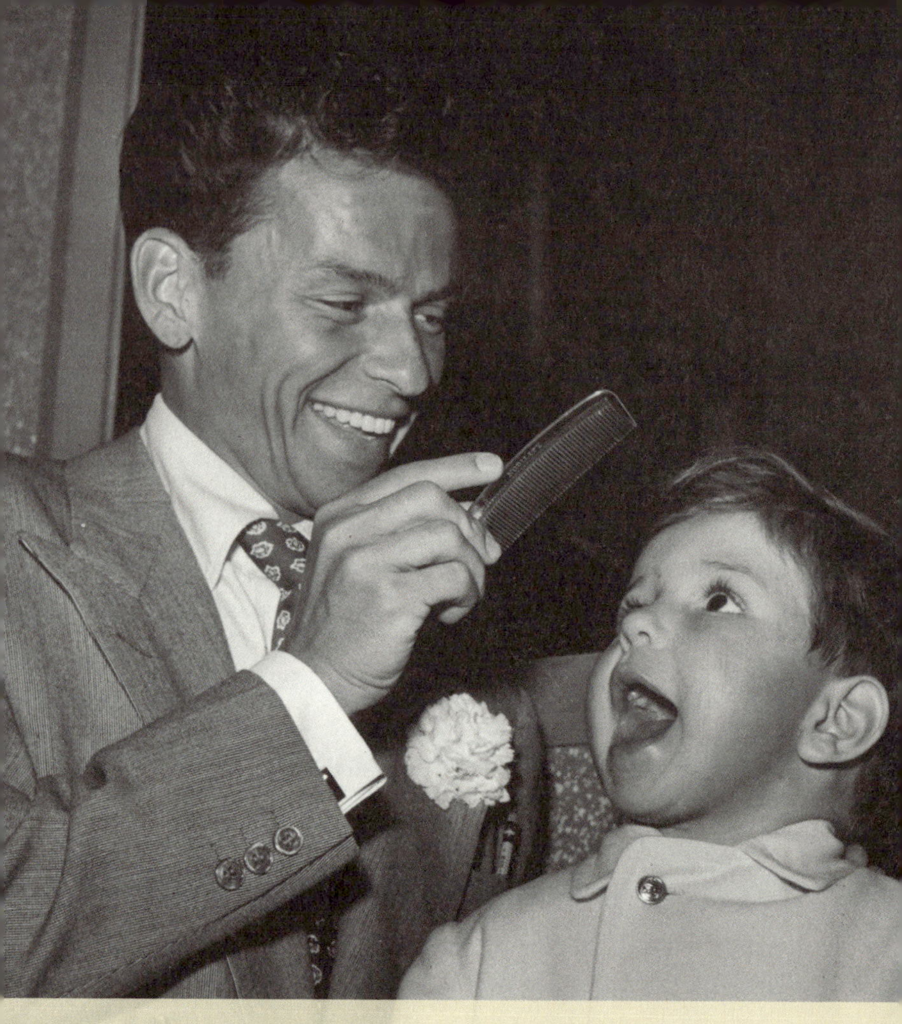

언젠가 후회할 만한 헤어스타일을 시도해 보거라.

나는 참아 줄 수 있다.

아이스크림 트럭을 보면,
그냥 보내지 마라.

사람들은 그렇지 않다고 하지만,
모두가 승자가 될 수는 없다.
그렇다고
게임을 그만두어야 하는 것은 아니다.

이성을 잃지 마라.
특히 회사에서는.

어떤 룰은 깨지기 위해 있기도 하다.
신호 위반은 해당되지 않는다.

좋은 조크에는
쿨하게 반응해라.

개구리를 만질 때는,

부드럽게 다루어라.

누군가와 인사를 나눌 때는 이름을 말해라.
친구들도 가끔씩 까먹을 때가 있다.

동네에 있는
나무 이름 정도는
알고 있어라.

'최선을 다하고 있다'라는 말은 소용없다.
필요한 일은 반드시 성공해야 한다.

-윈스턴 처칠

수영장에 입수하는 방법은
여러 가지가 있다.
다만, 사다리는 아니다.

공격은 과감하게.

엄마가 보고 있다면, 헬멧을 써라.

좋아하는 책은 하드커버 버전으로 소장해라.
나머지는 도서관에 기증해라.

몸 관리를 잘해라.
나중에 아빠가 되어보면,
잘했다고 생각될 것이다.

외상으로 신세 지지 마라.
공짜란 없다.

초대 받았다면
감사 인사를 잊지 마라.

이해하지 못했으면,
더 늦기 전에 되물어라.
누구에게나.

이웃을 잘 알아라.
가끔씩은 동네에서
가장 흥미진진한 모험이
벌어지기도 한다.

바다에 몸을 담그는 것이
최고의 치유다.

호텔에서는
컨시어지를 믿어라.

그녀와 결혼한다는 것은,
그녀 가족 모두와 결혼하는 것이다.

성대모사를 해보라고 떠밀지 마라.
멍석을 깔아주면, 못하는 법이다.

참아야 할 때도 있다.

사이드를 두개 이상 시켜야 한다면,

아예 다른 걸 주문해라.

지혜는

자연의 경이로부터 시작된다.

위트는 마치 캐비어 같은 것이다.
딸기잼처럼 막 바르지 마라.

– 노엘 코워드

지인의 결혼식은 참석해라.
친구들도 만나고,
맛있는 음식도 즐길 수 있다.

엽서를 보내라.

매일 주요 신문을 읽도록 해라.

재미있는 페이지도 잊지 마라.

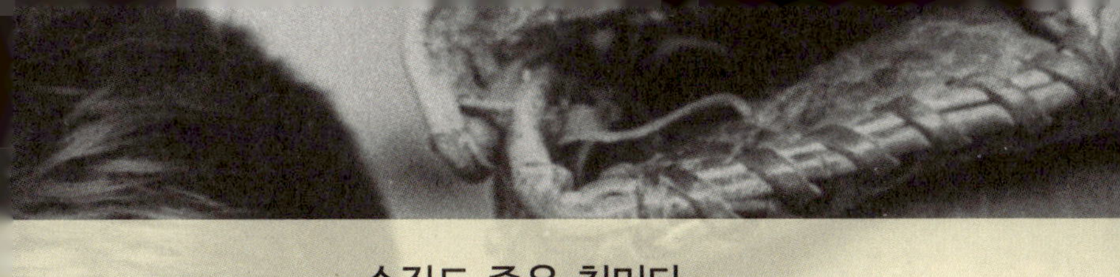

수집도 좋은 취미다.

보이는 대로 그려라.

아침에 운동해라.
자전거로 학교나 회사에
가는 것은 좋은 생각이다.

여름에는 격식 있는 자리라도,
양말이 꼭 필요한 것은 아니다.

브로일러를 사용해라.
실내용 그릴이다.

동네 정육점과는
친하게 지내라.

방명록에
이름을 남겨라.

스포츠 용품은
절대 빌려 쓸 생각하지 마라.

여자에게는
무조건 자리를 양보해라.
나이 상관없이.

여동생의 남자 친구와 가깝게 지내라.
네 의견에 따를 것이다.

해외에 나가서는,
우리 정부를 비방하지 마라.

스튜어디스에게 나이스 해라.

더 좋은 서비스를 받게 될 것이다.

체계 있는 축구를 해라.

가장 강하거나
빠른 선수일 수는 없지만,
가장 터프한 선수는 될 수 있다.

할아버지, 할머니와 보낸 시간은,
값지게 보낸 시간이다.

결국엔 성실이
야망을 이긴다.

천둥 번개는 안전한 곳에서 보아라.
그리고 조심해라.

역조를 만나면, 해변과
평행으로 수영해서 들어와라.

엄마의 요리를 칭찬해라.

선물을 직접 포장해라.
급하다면, 쿠킹호일도 괜찮다.

잘 알고, 투표해라.

지역 선거를 빠지지 말아라.

서두르지 마라. 그러나 놓치지도 마라.

– 우디 구드리

누군가에게 살쪘다고 말하지 마라.

그들도 알고 있다.

경적을 울린다고,

앞차가 빨리 움직이지는 않는다.

자동차는 밤에 사지 마라.

통화는 간단히 하자.

상대를 유혹하는 것을 두려워 마라.
최고의 공부다.

아이스티를 냉장고에 두어라.
건강에 좋고, 시원하고, 싸다.

여유가 된다면,
좋은 양복 한 벌은 장만해 두어라.

정말 싸움을 피할 수 없는 상황이라면,
먼저 펀치를 날려라. 힘껏.

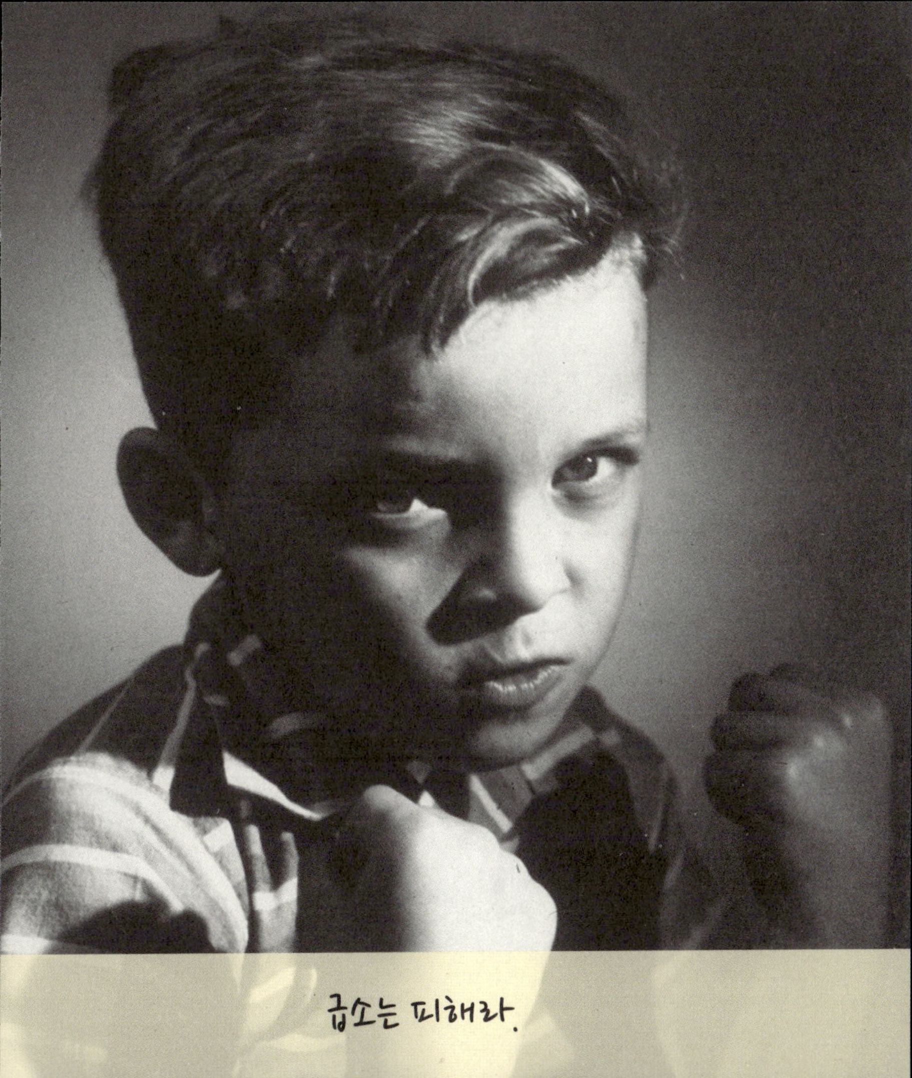

급소는 피해라.

아는 체하는 사람은 사랑 받지 못한다.

작업에 맞는
연장을 선택해라.

숲속에서는 조용히 할 것.

편지는 잘 간직해라. 자서전을 쓸 때 도움이 될 것이다.

답장을 잊지 마라.

-에이브러햄 링컨

야채를 많이 먹어라.
심장을 보호해 줄 것이다.

영화 보면서 말하지 마라.
팝콘도 조용히.

드레스 코드를 지켜라.
자리가 편하고 자유로워질 것이다.

보타이 매는 법을 배워라.

여자들은
샤워하는 남자를 좋아한단다.

네 이름이 인쇄된 감사 카드로
제대로 된 인사를 보내라.

모노폴리 게임에서는,
오렌지 색을 사들여라.

내기 약속은 지켜라.
더 좋은 건,
내기를 안 하는 것이다.

악수를 할 때는 손을 제대로 잡고,
시선은 상대의 눈을 보아라.

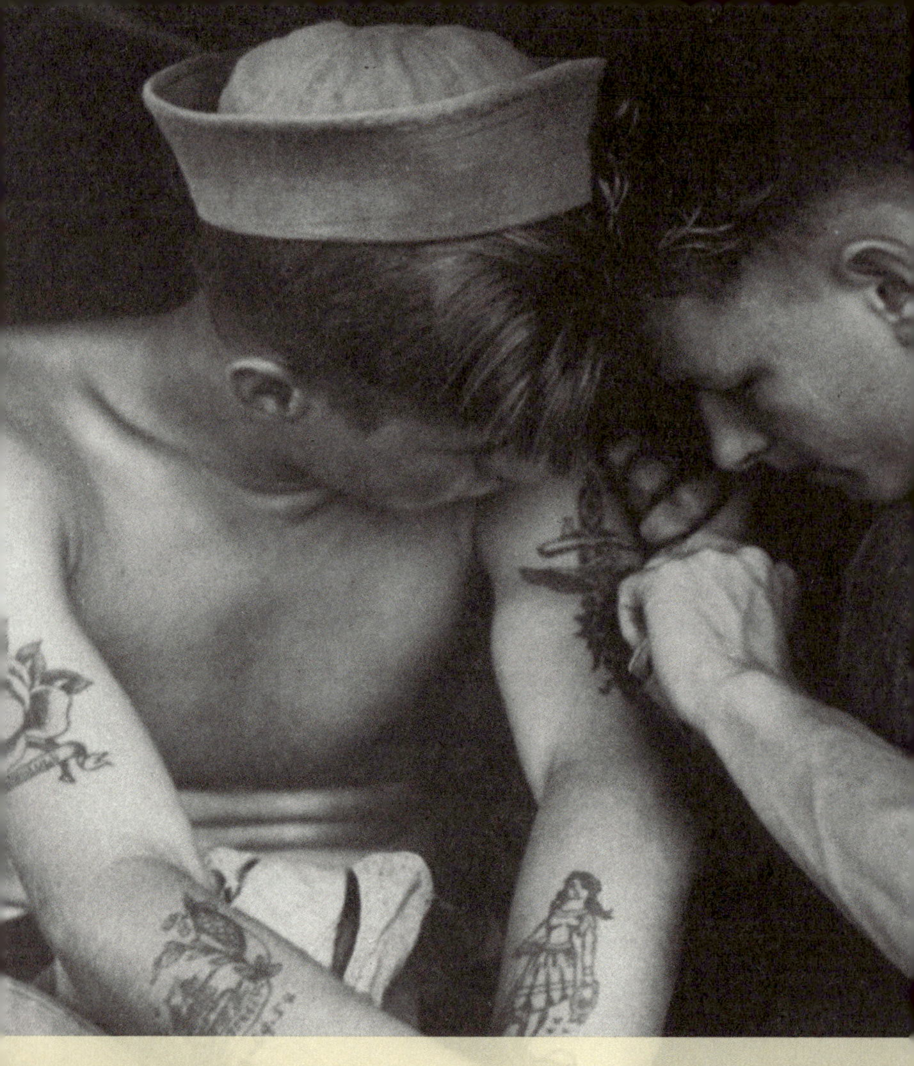

선원이 아니라면, 피어싱과 타투는 반대다.

사촌들과 시간을 보내라.
네가 생각하는 것보다 더 닮았다.

1박 이상 머물러야 할 때는,
짐을 풀어라.

당신이 영향력 있는 사람이라고 생각된다면,
다른 사람의 개에게 명령해 보아라.

- 윌 로저스

네 말이 아니라, 네 행동이 곧 너다.

고기를 눌러 굽지 마라.
육즙 다 빠져나간다.

가문을 자랑만 하지 말고,
그에 걸맞게 살아라.

소란을 피우지 마라.
장소 불문.

악기를 배워라.

친구들과 함께 집에서 연주할 수 있는 악기면 더 좋다.

테이블 배치도의 이름을
바꿔치기하지 마라.

장작을 피워야 할 땐,
떨어진 가지가 더 잘 탄다.

네가 무슨 일을 하게 되더라도,
댓글은 읽지 마라.

너의 기타 연습을 듣고 싶은 사람은
아무도 없다.

문을 잡아주고, 의자를 빼주고, 욕은 자제해라.

– 윌 스미스

야구장에는 글러브를 가져가라.

낱말 퍼즐은
시작하면 끝을 내라.

연장은 그 정해진 용도 이외에는
사용하지 마라.

수상 소감은 짧게, 연설문 없이.
그리고 '아빠에게 감사하다'는 말도 잊지 마라.

파워는 대항하지 말고, 이용해라.

- 버크 민스터 풀러

자외선을 두려워 마라.

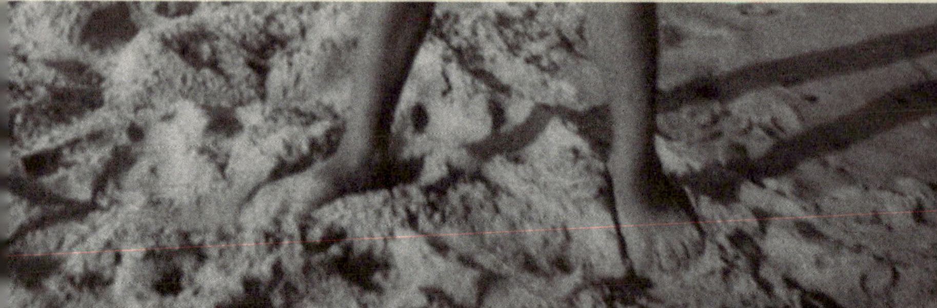

설명서를 숙지해라.
시간이 반으로 줄 것이다.

카메라를 의식하지 마라.

많이 받은 사람에게는 많은 요구가 따른다.

- 루크 12:48

반에서 제일 예쁜 여학생에게
데이트 신청하는 것을
두려워하지 마라.

기름은 항상
반 이상을 유지해라.

가족보다
소중한 건 없다.

포켓 스퀘어를 꽂아라.

부 록

아들을 위한 추천음악

Woody Guthrie ....“This Land Is Your Land”
Nat King Cole .... “Straighten Up and Fly Right”
Hank Williams .... “I’m So Lonesome I could Cry”
Little Richard ....“Long Tall Sally”
The Beatles ....“Twist And Shout”
Bob Dylan..................................“It’s All Over Now, Baby Blue”
Four Tops .... “Reach Out (I’ll Be There)”
The Who..“A Quick One”
We Five ....“You Were On My Mind”
The Monkees....................................“Last Train to Clarksville”
Otis Redding...“These Arms of Mine”
The Beach Boys ....“Good Vibrations”
Elvis Presley...“Suspicious Minds”
Jimmy Cliff..“Many Rivers to Cross”
The Faces ....“Stay With Me”
Jonathan Richman ....“Roadrunner”
The Rolling Stones.................................“Waiting on a Friend”

Big Star .... "Thirteen"

Tom Waits .... "Grapefruit Moon"

Joni Mitchell .... "Free Man in Paris"

New York Dolls .... "Personality Crisis"

Jackson Browne .... "These Days"

Gordon Lightfoot .... "Sundown"

David Bowie .... "Young Americans"

Hall & Oates .... "Rich Girl"

Billy Joel .... "Movin' Out"

Cheap Trick .... "Surrender"

Elvis Costello .... "Peace, Love and Understanding"

The Ramones .... "I wanna Be Your Boyfriend"

R.E.M .... "Radio Free Europe"

Joe Jackson .... "Step Out"

Big Country .... "In a Big Country"

Prince .... "Let's Go Crazy"

The Replacements .... "Waitress in the Sky"

The Pogues .... "Fairytale of New York"

The Smiths .... "Girlfriend in a Coma"

The Jayhawks .... "Nevada, California"

아들을 위한 추천도서

Rudyard Kippling .... *Just So Stories*

L. Frank Baum .... *The Wonderful Wizard of Oz*

Robert Westall..................................... *The Machine Cunners*

Madeleine L'Engle .... *A Wrinkle in Time*

Theodore Taylor .... *The Cay*

Jack London .... *Call of the Wild*

William Golding .... *Lord of the Flies*

S. E. Hinton .... *The Outsiders*

Mary Stewart.. *The Crystal Cave*

Robert Heinlein .... *Stranger in a Strange Land*

Mark Twain .... *The Adventure of Tom Sawyer*

Homer.. *The Odyssey*

Harper Lee .... *To Kill a Mockingbird*

Erich Maria Remarque .... *All Quiet on the Western Front*

Thor Hyerdahl... *Kon-Tiki*

Claude Brown........................ *Manchild in the Promised Land*

Charles Darwin ....*The Origin of Species*

Michael Shaara .... *The Killer Angels*

F. Scott Fitzgerald ....*The Great Gatsby*

Earnest Hemingway .... *The Sun Also Rises*

Walker Percy .... *The Moviegoer*

George Orwell...*1984*

Ken Kesey .... *One Flew Over the Cuckoo's Nest*

Woody Guthrie .... *Bound for Glory*

James A. Michener .... *Chesapeake*

Patrick O'Brian .... *Master and Commander*

Robert Penn Warren ....*All the King's Men*

E. M. Forster ....*A Passage to India*

Fyodor Dostoevsky .... *The Brothers Karamazov*

John Cheever ....*Collected Stories*

Richard Yates ....*Revolutionary Road*

James Cain .... *The Postman Always Rings Twice*

Sebastian Junger ....*The Perfect Storm*

Michael Chabon .... *The Amazing Adventures of Kavalier and Clay*

NOTES

지은이 **워커 라몬드** (Walker Lamond)
작가이자 TV 프로듀서. 디스커버리 채널, 내셔널 지오그래픽 채널, HBO, 선댄스 채널 등 다수의 방송에서 작품 활동.
현재 가족과 함께 워싱턴 D.C.에서 거주하고 있다.
이 책을 출간할 때 즈음, 아들을 낳았다.

옮긴이 **천수현**
작가이자 프로듀서. KBS, MBC, SBS, JTBC 등 다수의 방송에서 작품 활동했으면 함.
현재 가족과 함께 촌에서 살고 있다.
이 책을 출간할 때 즈음, 딸을 낳았다.

Rules For My Unborn Son
곧 태어날 내 아들을 위한 **남자 매뉴얼**

초판 1쇄 발행일 2015년 6월 6일

지은이 워커 라몬드 (Walker Lamond)
옮긴이 천수현
펴낸이 천수현
기 획 조은주
마케팅 성재명
제 작 호호아빠
편 집 네오이크
인 쇄 삼조인쇄

펴낸곳 쇼비픽쳐스㈜
등 록 2010년 2월 4일 제 2010-02호
주 소 경기도 광주시 퇴촌면 영동길 65-45
전 화 031-763-5265
이메일 showbee@showbee.com

ISBN 978-89-965501-3-6

*잘못된 책은 구입하신 서점에서 교환하여 드립니다.

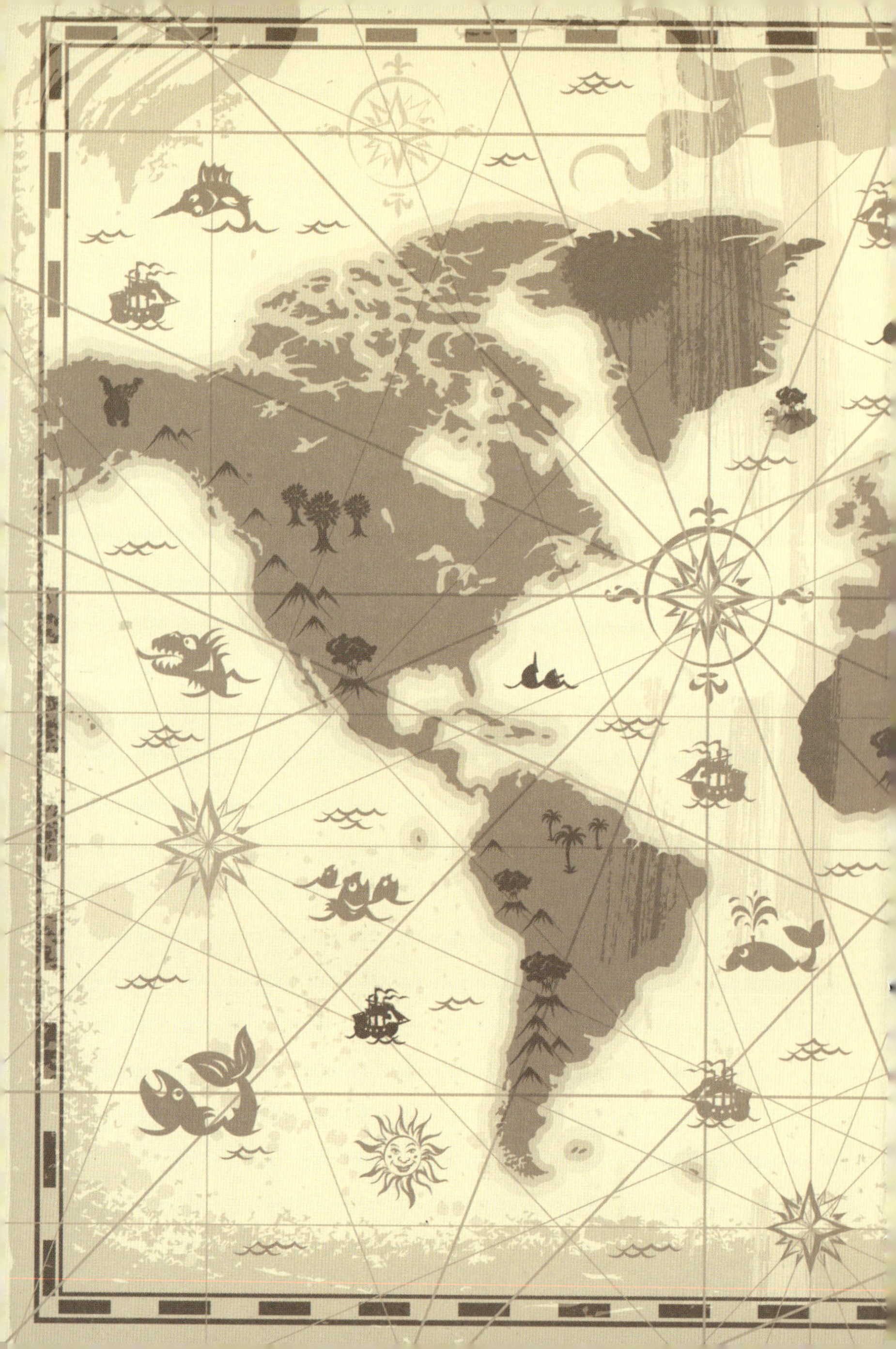